Gunther vom Stein / Franziska Rautenberg

Himmelsberührungen
Neue Fragen für RU in Klasse 3–6

Illustrationen von Elisabeth Lottermoser

Mit 36 Abbildungen

Vandenhoeck & Ruprecht

Download des digitalen Materials unter:
www.vandenhoeck-ruprecht-verlage.com/
himmelsberuehrungen
Code für Download-Material:
fpWVJfxM

Bibliografische Information der Deutschen Nationalbibliothek:
Die Deutsche Nationalbibliothek verzeichnet diese Publikation in der
Deutschen Nationalbibliografie; detaillierte bibliografische Daten sind
im Internet über http://dnb.de abrufbar.

© 2022 Vandenhoeck & Ruprecht, Theaterstraße 13, D-37073 Göttingen, ein Imprint der Brill-Gruppe
(Koninklijke Brill NV, Leiden, Niederlande; Brill USA Inc., Boston MA, USA; Brill Asia Pte Ltd, Singapore;
Brill Deutschland GmbH, Paderborn, Deutschland; Brill Österreich GmbH, Wien, Österreich)
Koninklijke Brill NV umfasst die Imprints Brill, Brill Nijhoff, Brill Hotei, Brill Schöningh, Brill Fink, Brill mentis,
Vandenhoeck & Ruprecht, Böhlau, Verlag Antike und V&R unipress.

Alle Rechte vorbehalten. Das Werk und seine Teile sind urheberrechtlich
geschützt. Jede Verwertung in anderen als den gesetzlich zugelassenen Fällen
bedarf der vorherigen schriftlichen Einwilligung des Verlages.

Umschlagabbildung: © K321/shutterstock

Copyright:
B1: PDPics from Pixabay; OpenClipart-Vectors from Pixabay | **B2**: anncapictures from Pixabay; Nasky/shut-terstock | **B3**: Luminas Art from Pixabay; Comfreak from Pixabay; Darkmoon_Art from Pixabay | **B4**: 995645 from Pixabay; jplenio from Pixabay | **B5**: Guillaume Preat from Pixabay; Peggy und Marco Lach-mann-Anke from Pixabay | **C10**: Shawn Hempel/shutterstock; agefotostock/Alamy Stock Foto/J M Barres

Satz: SchwabScantechnik, Göttingen
Druck und Bindung: ⊕ Hubert & Co. BuchPartner, Göttingen
Printed in the EU

Vandenhoeck & Ruprecht Verlage | www.vandenhoeck-ruprecht-verlage.com

ISBN 978-3-525-70321-2

Inhalt

Einleitung 4

Psalmworte 6

A. Wie stellen sich Menschen den Himmel vor? 7
   A1 Was ist der Himmel? 8
   A2 Sprichwörter 9
   A3 Himmel und Hölle 10
   A4 Himmelsgeschichten 11
   A5 Lied: Weißt du, wo der Himmel ist? 12
   Arbeitsaufträge 13

B. Was weiß die Naturwissenschaft über den Himmel? 15
   B1 Welche Himmelsrichtungen gibt es? 16
   B2 Warum ist der Himmel blau? 17
   B3 Was siehst du am Sternenhimmel? 18
   B4 Warum kann man Wolken am Himmel sehen? 19
   B5 Was für Himmelskörper gibt es? 20
   Arbeitsaufträge 21

C. Was erzählt die Bibel über den Himmel? 22
   C1 Engel oder Mensch? 25
   C2 Tobias und Rafael 26
   C3 Engel sein 28
   C4 Jakobs Traum 29
   C5 Schulfrei! 30
   C6 Das alte Weltbild 31
   C7 Christi Himmelfahrt 32
   C8 Kirchenfenster 33
   C9 Heaven und Sky 34
   C10 Das Gleichnis vom Senfkorn 35
   C11 Lied: Kleines Senfkorn Hoffnung 36
   Arbeitsaufträge 37

D. Wie sieht der Himmel aus? 40
   D1 Die drei Schlüssel zum Himmel 41
   D2 Die Schlüssel zum Himmel 43
   D3 Mein Tor zum Himmel 44
   D4 Reflexion 45
   D5 Lied: Da berühren sich Himmel und Erde 46
   Arbeitsaufträge 47

Ergänzende Buch- und Materialempfehlungen 48

Einleitung

„Weißt du, wo der Himmel ist?
Natürlich. Dumme Frage.
Meinst du? Dann zeig mir doch mal den Himmel.
Kann ich nicht.
Und wieso nicht?
Kann man nur glauben.
Was soll das heißen?
Der Himmel …, also der Himmel, den ich meine, ist etwas anderes als der blaue Himmel über uns.
Der Himmel ist nicht das Firmament? Willst du das sagen?
Ein bisschen schon. Er ist es, und er ist es nicht.
Das wird ja immer schöner.
Könnte man sagen, ja. Himmel, das hat mit Gott zu tun.
Dass die Menschen, wenn sie gestorben sind, wieder bei Gott sind.
Dass sie dann in den Himmel kommen?
Theodor Eggers: Wo der Himmel ist, Patmos Verlag, 1981, S. 15

Das fiktive Gespräch zeigt, dass es immer noch und immer wieder notwendig ist, dass SuS sich mit dem Begriff „Himmel" auseinandersetzen. Der physikalische Himmel – soweit es die heutigen kognitiven und technischen Möglichkeiten zulassen – ist erforscht. Der Himmel ist das Firmament. Doch er ist eben auch mehr: „Himmel, das hat mit Gott zu tun."

Diesen Überlegungen folgt der Aufbau des Buches: Ausgehend von den Erfahrungen der SuS (Vorerfahrungen, Sprichwörter usw.) wird fokusartig der sachkundliche Aspekt beleuchtet, bevor in einem ausführlichen Kapitel die biblischen Bezüge behandelt werden. Neben den Annäherungen über die apokryphe Schrift Tobias, die alttestamentliche Erzählung „Jakobs Traum von der Himmelsleiter" und das Fest Himmelfahrt (auf der Basis der Erzählungen des Lukas, Lk 24,50–53 und Apg 1,3–11) wird schließlich, ausgehend von dem Gleichnis vom Senfkorn (Mt 13,31 f. par), der Frage nachgegangen, wo und wann und wie heute das Himmelreich zu finden ist. Die abgedruckten Psalmworte können je nach Bedarf oder bei Erwähnung in den Arbeitsanweisungen eingesetzt werden. Eine Möglichkeit der Nutzung kann das Ausschneiden der verschiedenen Psalmworte und die Nutzung als Textstreifen sein.

Differenzierte Arbeitsanweisungen

Das Buch bietet differenzierte Arbeitsangebote, die sich für den Einsatz in heterogenen Religionsgruppen eignen. Mit den differenzierten Aufgabenstellungen werden Methoden und Inszenierungen zugunsten der Lernenden in den Vordergrund gestellt. Die Aufgabenstellungen sind nach Anforderungsbereichen aufgebaut:

- ○ *Anforderungsbereich I:* Das Lösen der Aufgabe erfordert Grundwissen, Routinetätigkeiten werden ausgeführt (z. B. Nacherzählen, eine Szene nachspielen).
- △ *Anforderungsbereich II:* Das Lösen der Aufgabe erfordert das Erkennen und Nutzen von Zusammenhängen (z. B. Nacherzählen aus einer bestimmten Perspektive, ein Bild zu einer Erzählung gestalten und die farbliche Gestaltung bewusst einsetzen).
- □ *Anforderungsbereich III:* Das Lösen der Aufgabe erfordert komplexe Tätigkeiten wie Strukturieren, Entwickeln von Strategien, Beurteilen und Verallgemeinern (z. B. eigenständig Informationen sammeln, Texte mit Adressatenbezug verfassen, verknüpfen von Fachwissen).

Die Anforderungsbereiche werden durch zwei weitere Kategorien ergänzt:

- ◸ In der *4. Kategorie* finden sich eher offene Aufgaben und Zugänge. Dabei können alle SuS bei gleicher Fragestellung auf ihrem jeweiligen individuellen Niveau arbeiten.
- 🖱 Die *5. Kategorie* gibt Hinweise auf mögliche digitale Methoden, die für das jeweilige Thema denkbar sind. Diese werden im Weiteren erläutert.

Die für die Lerngruppe passenden Arbeitsanweisungen können dann ausgeschnitten und auf die jeweiligen Arbeitsblätter geklebt werden. Die abgebildeten Kunstbilder sind zusätzlich als Download verfügbar. Die Zugangsdaten finden Sie im Impressum.

Digitale Methoden

Digitale Methoden im Religionsunterricht? Vielleicht werden einige sagen, dass sie das nicht brauchen.

Ein guter Religionsunterricht muss auch ohne solchen „Schnickschnack" auskommen. In Zeiten von Homeschooling und Distanzlernen bekommen solche Methoden jedoch immer mehr Gewicht. Zudem sollen diese Methoden die bereits bekannten Zugänge natürlich nicht verdrängen, sondern sinnvoll ergänzen. Sollte ein Religionsunterricht im Distanzlernen aufrechterhalten werden, sind die digitalen Alternativen nicht mehr wegzudenken. Im Folgenden finden Sie Anregungen zu digitalen Methoden, aber auch zu Internetseiten oder Links zu YouTube, die ihren Unterricht ergänzen können oder die Basis für Distanzlernen bilden.

Ein sehr wichtiges Thema ist dabei der Datenschutz. Um die vorliegenden Methoden benutzen zu können, sollten Sie bei Zweifeln immer die Schulleitung und eventuell auch die Datenschutzbeauftragten Ihrer Stadt oder des Kreises zu Rate ziehen und sich rückversichern.

Sollten Sie Probleme in der Nutzung der genannten Methoden haben, gibt es sehr viele YouTube-Videos oder klicken auf den Padlet-Link, um dort eine große Linksammlung der verschiedenen Methoden und deren Tutorials zu sehen: https://padlet.com/VuR_SQE/mdjlsp0rdenm0tic.

Book Creator – https://bookcreator.com

Hier kann man Erklärbücher für die Kinder erstellen oder die Kinder kreativ werden lassen. Es lassen sich auch Einzelarbeiten zusammenfassen, z. B. in ein Rezeptbuch oder in ein Märchenbuch.

Padlet – https://de.padlet.com

Ein Padlet ist eine digitale Pinnwand, an der die Kinder selbst Dinge veröffentlichen können oder Beiträge von der Lehrkraft oder anderen Kindern kommentieren können.

Kahoot! – https://kahoot.com

Mithilfe dieser Seite kann ein eigenes Quiz zu einem beliebigen Thema erstellt werden.

AnswerGarden – https://answergarden.ch

Ein Feedback-Tool, das die Möglichkeit zur Wordcloud bietet.

Oncoo – https://www.oncoo.de

Möglichkeit Feedback zu sammeln oder in einer Videokonferenz schnell Ergebnisse zusammenzutragen und dann zu ordnen.

Mentimeter – https://www.mentimeter.com

Feedback-Tool für Lernfortschritte oder Rückmeldungen von den Kindern. Auch während Videokonferenzen nutzbar oder im Vorfeld dazu.

Edkimo – https://edkimo.com/de

Möglichkeit Umfragen zu stellen, die dann ausgewertet werden.

Post-it – https://www.post-it.com

App, bei der man To-Do-Listen erstellen kann oder verschiedene Gedanken zum Stundenanfang oder Themenanfang sortieren kann.

Mysimpleshow – https://www.mysimpleshow.com/de

Ein Tool zum Erstellen von Erklärvideos.

Edpuzzle – https://edpuzzle.com

Videos von YouTube mit Fragen zum Stoff versehen.

Primolo – https://www.primolo.de

Eine Möglichkeit, mit den Kindern eine Homepage zu einem Thema zu erstellen.

YouTube-Links zum Thema Himmel:

Himmel und Hölle falten:
https://www.youtube.com/watch?v=RPOz2izxs20
Warum ist der Himmel blau?
https://www.youtube.com/watch?v=qroU-0DTxE8
Woher kommt der Regenbogen?
https://www.youtube.com/watch?v=6QuOJdbX4PU
Erde, Sonne, Mond
https://www.youtube.com/watch?v=nNNbwKHQgGY

Tipps für Suchmaschinen

Für die Projektarbeit der Kinder ist es sinnvoll mit ihnen zuerst einmal über das Recherchieren mithilfe von Suchmaschinen zu sprechen. Dafür können Kriterien aufgestellt werden (z. B. finde Schlagwörter, suche dir eine kindgerechte Suchmaschine, …).

Im Folgenden finden Sie eine Aufzählung von kindgerechten Suchmaschinen oder Seiten für den Religionsunterricht, auf denen die Kinder etwas zum Thema Himmel finden können: https://www.blinde-kuh.de/, https://www.fragfinn.de/, https://www.helles-koepfchen.de/

Generelle wichtige Seiten für den Umgang im Internet

https://www.internet-abc.de/
seitenstark.de
https://grundschulwiki.zum.de/wiki/Hauptseite
https://klexikon.zum.de/wiki/Klexikon:Willkommen_im_Klexikon

Psalmworte

Ich freue mich über dich, Gott. Ich bin glücklich und will von dir singen. 9,3

Der Herr ist mein Hirte, darum leide ich keine Not. Er führt mich auf saftige Weiden und bringt mich zum frischen Wasser. 23,2

Ich sah mich schon im Sumpf versinken. Doch du, Gott, hast mich herausgezogen und auf festen Boden gestellt. Jetzt kann ich wieder gehen. 40,3

Du ergreifst meine Hand und hältst mich. 73,23

Gott hat seinen Engeln befohlen, dass sie dich behüten auf allen deinen Wegen. 91,11

Am Abend mag man wohl weinen, doch morgens kommt wieder die Freude. 30,6

Du, Gott, bist Sonne und Schutz. 84,12a

Der Herr ist mein Licht und mein Heil, er hilft mir. Deshalb habe ich keine Angst. Bei ihm bin ich sicher wie in einer Burg. 27,1

Gott freut sich an allem, was er geschaffen hat. Seine Macht bleibt für immer bestehen. 104,31

Wenn du verzweifelt und mutlos bist, dann ist Gott dir nahe und hilft. 34,19

Auch wenn ich in einem finsteren Tal wandere, fürchte ich mich nicht. Denn du bist bei mir. 23,4

Gott klagt uns nicht immer an. Er ist nicht für alle Zeiten zornig. 103,9

Mich quälen keine Ängste, wenn ich mich hinlege. Ganz ruhig kann ich schlafen. Denn du, Gott, gibst mir Sicherheit und Geborgenheit. 4,9

Du bist mir nah. Du stehst mir zur Seite. Deshalb fühle ich mich sicher. 16,8

Gott ist mein Licht – vor wem sollte ich mich fürchten? Er gibt mir Kraft und Mut – vor wem sollte ich mich erschrecken? 27,1

A. Wie stellen sich Menschen den Himmel vor?

Didaktischer Kommentar
Dieses Kapitel soll auf den Kinderfragen zum Thema Himmel basieren. Fragen wie …

Wie sieht der Himmel aus?
Wie groß ist der Himmel?
Welche Farben hat der Himmel?
Komme ich in den Himmel?

… sind nur einige der Fragen, die die SuS stellen könnten.

Anhand verschiedener Elemente werden die Kinder an die Thematik herangeführt. Fragen, die jedes Kind beschäftigen, sollen hier ernst genommen und behandelt werden.

Das Thema Himmel fließt, ohne dass es uns bewusst ist, täglich in unseren Wortschatz oder unser Denken ein. Unser alltäglicher Gebrauch des Wortes Himmel hat meistens etwas mit dem Himmel, den wir sehen können, zu tun. Jedoch hat das Wort Himmel mehrere Bedeutungen, was den Kindern bereits in diesem Kapitel auffallen kann, besonders wenn sie ihre Vorstellungen vom Himmel miteinander vergleichen.

In diesem Kapitel soll bewusst das Thema Himmel ohne Nennung biblischer Bezüge behandelt werden. Natürlich kann es aber bereits in dieser Einheit passieren, dass die Kinder sich an Geschichten aus der Bibel erinnern, die einen Bezug zum Himmel haben, da sie bereits an anderer Stelle damit in Kontakt gekommen sind.

Hinweise zu den Materialien im Einzelnen
Das Thema „**Was ist der Himmel?**" (A1) wird durch eine Standortbestimmung angestoßen. Die SuS machen sich Gedanken darüber, was sie mit dem Begriff Himmel assoziieren und schreiben bzw. malen ihre Vorstellungen und Gedanken auf. Anschließend sollen sie in einem Museumsgang die verschiedenen Gedanken und Vorstellungen vergleichen und miteinander in Verbindung bringen. Dabei ist es wichtig, allen Kindern klar zu machen, dass es hierbei kein richtig oder falsch gibt und dass jede Meinung und Vorstellung wichtig und gut ist.

Die „Sprichwörter" (A2) zum Thema Himmel könnten einigen Kindern bekannt vorkommen. Sie sortieren die Bedeutungen zu den richtigen Sprichwörtern. Bei Schwierigkeiten können die SuS im Internet recherchieren, um die richtigen Bedeutungen zu verstehen. Im Anschluss daran können die Kinder ein Memo-Spiel oder ein Domino-Spiel daraus anfertigen und die Begrifflichkeiten festigen. Möglich ist auch eine Suche nach weiteren Sprichwörtern, in denen das Wort Himmel vorkommt.

Das Spiel **„Himmel und Hölle"** (A3) kennen viele Kinder vermutlich schon. Anfangs sollte die Lehrkraft kurz mit den SuS durchgehen, wie das Spiel zu falten ist und wie es funktioniert (Faltanleitung in den digitalen Inhalten).

Dann dürfen die Kinder unter Voraussetzung des Themas „Himmel" kreativ werden und sich eigene Sätze für die Vorlage ausdenken. Möglich sind Wünsche, Himmelssätze, Vorstellungen oder Farben, aber auch eigene Ideen sind denkbar.

Der Gegensatz des Himmels und der Hölle kann auf unterschiedlicher Weise bei den Kindern Ausdruck finden. Nachdem mit den SuS darüber gesprochen wurde, was für sie die Hölle ist, können die Gegensätze kreativ gefunden werden, z. B. anhand einer Collage oder eines Gedichts.

Die SuS denken an ihre eigenen **„Himmelsgeschichten"** (A4), nachdem sie mit drei unterschiedlichen Geschichten in Berührung kommen, die von Begegnungen mit dem Himmel reden. Die Kinder überlegen, was die jeweilige Geschichte hinter den Bildern ist und verbinden diese. Dann schreiben sie ihre eigenen Himmelsgeschichten auf.

Das **Lied: Weißt du, wo der Himmel ist (A5)** kann kapitelübergreifend mit den Kindern immer am Anfang oder am Ende der Stunde als kleines Ritual gesungen werden. Gemeinsam denken die SuS darüber nach, was das Lied ausdrücken möchte und wo der Himmel ist. Danach bringen sie es mit ihren eigenen Vorstellungen in Verbindung.

A1 Was ist der Himmel?

Farben:

Fragen:

Personen:

Gefühle:

Gegenstände:

Meine Vorstellung vom Himmel:

8 | Wie stellen sich Menschen den Himmel vor?

A2 Sprichwörter

Ach du lieber Himmel!	Jemand ist verliebt.	Dich schickt der Himmel.
Jemand erzählt nur Lügen.	Es ist noch kein Meister vom Himmel gefallen.	Es stinkt zum Himmel.
Den Himmel auf Erden haben	Wenn jemand erschrocken oder traurig über eine Nachricht ist, dann sagt man es.	Du bekommst es nicht umsonst. Du musst etwas dafür tun.
Jemanden in den Himmel loben.	Wenn du etwas erreichen möchtest, musst du viel üben und lernen.	Das Blaue vom Himmel versprechen
Du kommst genau zum richtigen Zeitpunkt. Ich brauche dich grade!	Im siebten Himmel schweben	Jemand wird etwas zu viel gelobt.
Aus heiterem Himmel	Wenn eine Nachricht dir seltsam erscheint oder etwas nicht ganz stimmt.	Plötzlich oder überraschend
Das Geld fällt nicht vom Himmel	Wenn es jemand sehr angenehm hat und es ihm gut geht.	

Wie stellen sich Menschen den Himmel vor? | 9

A3 Himmel und Hölle

10 | Wie stellen sich Menschen den Himmel vor?

A4 Himmelsgeschichten

Tobias fliegt mit seinen Eltern in den Urlaub. Es ist sein erster Flug. Er sitzt staunend am Fenster: „Wow, so nah war ich dem Himmel noch nie!"

Leonie und Chris sitzen auf ihrem Lieblingsberg. „Schau mal!", ruft Chris und zeigt auf ein Sternbild. Leonie blickt hinauf: „Ich sitze so gerne hier und schaue in die Sterne."

„Alles ist gut!", sagt Leas Mama zu ihr. „Aber ich habe mich noch nie so mit meiner besten Freundin gestritten wie heute", weint Lea. Die Mutter zeigt aus dem Fenster: „Schau mal: Nach Regen folgt wieder Sonnenschein!"

Wie stellen sich Menschen den Himmel vor?

A5 Lied: Weißt du, wo der Himmel ist?

1. Weißt du, wo der Himmel ist,
außen oder innen,
eine Handbreit rechts und links,
du bist mitten drinnen,
du bist mitten drinnen.

2. Weißt du, wo der Himmel ist,
nicht so tief verborgen,
einen Sprung aus dir heraus,
aus dem Haus der Sorgen,
aus dem Haus der Sorgen.

3. Weißt du, wo der Himmel ist,
nicht so hoch da oben,
sag doch „Ja" zu dir und mir,
du bist aufgehoben,
du bist aufgehoben.

Wilhelm Willms (Text), Ludger Edelkötter (Musik)
© KIMU Kindermusikverlag

Arbeitsaufträge

A1 Was ist der Himmel?

△ Welche Wörter kommen dir in den Sinn, wenn du das Thema „Himmel" hörst? Sammle Nomen, Adjektive und Verben. Schreibe sie auf farblich passende Zettel.

△ Legt eure Wörter in die Mitte. Sucht ein passendes Bild aus, das für euch zu dem Wort „Himmel" passt und wählt drei Wörter aus der Mitte aus.
Das können neue Wörter von anderen Kindern sein oder du suchst dir noch mal deine Wörter aus. Dann formulierst du einen Satz aus den Wörtern, der zu dem Bild und zu dem Wort „Himmel" passt. Der Satz kann auch neue Wörter enthalten.

🖱 Öffnet die Seite Answer Garden mithilfe des QR-Codes, den ihr von eurem Lehrer/eurer Lehrerin bekommt. Schreibt alle Wörter zum Thema „Himmel" auf, die euch einfallen. Schaut euch gemeinsam die Wörter an. Was fällt euch auf?

☐ Sortiert die Wörter in Themengebiete und erstellt eine Mind-Map.

△ Wenn du an den Himmel denkst:
Welche Gefühle hast du?
Welche Personen kommen dir in den Sinn?
Denkst du an bestimmte Dinge oder Gegenstände?
Welche Farben sind dir dabei wichtig?
Welche Fragen möchtest du zum Thema Himmel stellen?

◢ Wie stellst du dir den Himmel vor? Male deine Vorstellung. Denke vorher über deine Farbwahl nach.

○ Macht einen Museumsgang und schaut euch die Bilder der anderen an. Sammelt Ähnlichkeiten und Unterschiede eurer Vorstellungen vom Himmel.

A2 Sprichwörter

○ Lest die Sprichwörter/Redewendungen zum Thema Himmel. Was bedeuten sie? Findet zu jedem Spruch die passende Bedeutung und malt sie in der richtigen Farbe an.

◢ Erstellt ein Memo oder Domino aus den Bedeutungen und den Sprüchen.

△ Denkt euch zu jedem Spruch eine kleine Geschichte aus. Wer hat den Spruch gesagt und in welcher Situation? Schreibt sie auf.

- Erstellt ein eBook aus den Geschichten oder gestaltet ein Lexikon mit Redewendungen und den passenden Beispielgeschichten.
- Sucht weitere Redewendungen zum Thema Himmel.

A3 Himmel und Hölle

- Schreibt ein Gegensatzgedicht mit den Begriffen Himmel und Hölle.
- Wie stellst du dir die Hölle vor? Erzähle oder male.
- Wenn jemand sagt: „Das ist für mich die Hölle …" Was meint er dann damit? Hast du das auch schon einmal gesagt? In welcher Situation? Oder kennst du andere Menschen, die das schon einmal gesagt haben?
- Sammelt Bilder und erstellt zwei Collagen mit Bildern, Fotos und Wörtern: eine zum Thema Himmel und eine zum Thema Hölle.
  Achtet dabei auf die Farben, Inhalte und Wörter. Vergleicht am Ende eure Collagen untereinander. Sammelt Ähnlichkeiten und Unterschiede.
- Bastelt das Spiel „Himmel und Hölle".
  Warum heißt das Spiel so?
- Denkt euch Wünsche, Gefühle oder Gedanken aus, die etwas mit dem Thema Himmel zu tun haben, die ihr auf das „Himmel und Hölle"-Spiel schreibt und spielt es mit einem Partner/einer Partnerin. Tauscht auch mal die Partner/Partnerinnen.

A4 Himmelsgeschichten

- Erzähle über die Geschichten, die auf den Bildern zu sehen sind. Was ist vorher passiert? Was passiert danach?
  Warst du auch schon in so einer Situation? Erzähle davon.
- Füllt die Kästen mit eigenen Geschichten-Schnipseln zu euren eignen Himmelsgeschichten.
- Erstellt ein Padlet mit euren eigenen Himmelsgeschichten. Schreibt sie auf und macht passende Fotos oder malt Bilder dazu.

A5 Lied: Weißt du, wo der Himmel ist?

- Das Lied erzählt von einem Himmel. Wo ist dieser?
- Vergleiche diesen Himmel mit deiner eigenen Vorstellung.
- Male Bilder zu jeder Strophe
- Erfinde eine weitere Strophe.

B. Was weiß die Naturwissenschaft über den Himmel?

Didaktischer Kommentar

In diesem Kapitel soll es um die wissenschaftliche Erarbeitung des Themas „Himmel" gehen. Anhand der folgenden Kinderfragen soll das Kapitel bearbeitet werden:

Welche Himmelsrichtungen gibt es?
Warum ist der Himmel blau?
Was siehst du am Sternenhimmel?
Warum kann man Wolken am Himmel sehen?
Was für Himmelskörper gibt es?

Der Themenbereich des Weltalls mit seinen unzähligen Themen begeistert und interessiert Kinder von klein auf. So bietet es sich an, das naturwissenschaftliche Thema „Himmel" mit dem theologischen Himmel zu verknüpfen. Es soll darum gehen, den Kindern den Unterschied bewusst zu machen. Dazu ist eine Verknüpfung mit dem Sachunterricht sehr wünschenswert.

Dieses Thema soll projektbezogen bearbeitet werden, indem die Lerngruppe in verschiedene Kleingruppen geteilt wird und jede der Gruppen sich nur mit einem Thema beschäftigt und dieses ausarbeitet und den anderen im Anschluss daran präsentiert.

Anhand von Büchern oder Internetrecherche sollen sich die Kinder die meisten der Informationen selbst erarbeiten. Die Texte dienen als erste Orientierungslinie.

Während der Beschäftigung mit diesem Thema denken die SuS bereits über ihre eigene Position nach und wie sie beide Themen, den wissenschaftlichen und den theologischen Himmel, verknüpfen können. Dies wird im nächsten Kapitel noch einmal unter der Besprechung der englischen Wörter „sky" und „heaven" weitergeführt. Fragen der Kinder sollten hinsichtlich beider Themen nicht unterbunden, sondern ernst genommen werden. Theologische Fragen, die schon im Vorfeld (vor Kapitel C) auftreten, könnten zum Beispiel auf einer gemeinsamen Fragewand gesammelt werden, damit diese nicht vergessen werden. Es kann jedoch schon thematisiert werden, was Wissenschaft genau bedeutet und wie sie zu definieren ist. Damit könnte man auch das Kapitel anfangen.

Hinweise zu den Materialien im Einzelnen

An dieser Stelle werden alle **Arbeitsmaterialien (B1–B5)** zusammengefasst, da ihre Erarbeitung grundsätzlich ähnlich ablaufen soll.

Die Lerngruppe wird in fünf Kleingruppen aufgeteilt. Jeder dieser Gruppen wird dann ein Thema zugeordnet. Entweder die Lehrkraft entscheidet darüber oder die SuS suchen sich selbst ihre Themen. Natürlich kann bei einer Verknüpfung mit dem Sachunterricht auch darüber nachgedacht werden, ob jedes Kind jedes Thema bearbeiten muss.

Die Kinder denken zuerst darüber nach, was sie zu ihrem Thema schon wissen. Im Anschluss daran (vielleicht passiert dies auch schon gleichzeitig) sammeln die SuS die Fragen, die sie an das Thema stellen.

Danach kann die Arbeit beginnen. Anhand der selbst aufgestellten Fragen beginnen die SuS im Internet oder in Büchern zu recherchieren. Eine kurze Anleitung über eine gute Recherchearbeit sollte die Lehrkraft den Kindern im Vorfeld geben. Mithilfe richtiger Schlagwörter und Kindersuchmaschinen machen die SuS sich an die Arbeit, recherchieren möglichst viel zu ihrem Thema und erstellen dazu ein Plakat mit kurzen Infotexten, Bildern und eventuell Videos, die nebenher gezeigt werden.

Ist das Plakat fertig, erstellen die SuS Stichwortzettel und bereiten sich darauf vor, ihr Thema dem Rest der Lerngruppe vorzustellen. Am Ende macht es Sinn, dass die präsentierenden SuS den anderen Kindern der Lerngruppe Fragen zum Thema stellen. So kann eine größere Aufmerksamkeit erzielt werden. Denkbar ist aber auch ein Museumsgang, in dem die Kinder einer Gruppe bei ihrem Themenplakat stehen und andere Klassen dazu eingeladen werden. So gehen die SuS der fremden Klassen herum und informieren sich über die verschiedenen Themen an den einzelnen Stationen.

B1 Welche Himmelsrichtungen gibt es?

Merksatz:
NIE
OHNE
SEIFE
WASCHEN.

! Was wir schon über das Thema Himmelsrichtungen wissen:

_____

_____

_____

? Sammelt Fragen, die zu dem Thema Himmelsrichtungen passen:

_____

_____

_____

Es gibt vier verschiedene Himmelsrichtungen: Norden, Osten, Süden, Westen.
5 Um dir diese zu merken, gibt es einen Merksatz, den du auch auf dieser Seite findest.
Es gibt auch die vier Nebenhimmelsrichtungen: NO, SO, SW und NW.

10 Himmelsrichtungen benötigst du, um dich auf der Erde zu orientieren. Wenn du z. B. auf dem Meer fährst, kannst du dich nicht an Häusern oder Pflanzen orientieren. Um anzukommen, brauchst du die Him-
15 melsrichtungen.

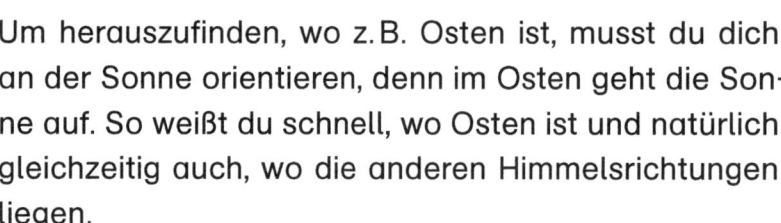

Im Osten geht die Sonne auf,
im Süden nimmt sie ihren Lauf,
im Westen wird sie untergehen,
im Norden ist sie nie zu sehen.

Um herauszufinden, wo z. B. Osten ist, musst du dich an der Sonne orientieren, denn im Osten geht die Sonne auf. So weißt du schnell, wo Osten ist und natürlich gleichzeitig auch, wo die anderen Himmelsrichtungen
20 liegen.

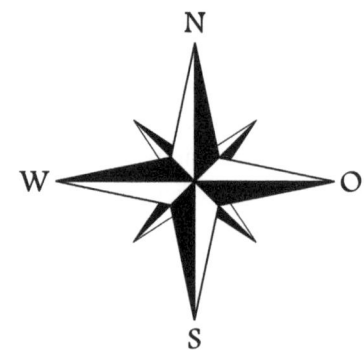

B2 Warum ist der Himmel blau?

! Was wir schon über das Thema Himmelsblau wissen:

_____

_____

_____

? Sammelt Fragen, die zu dem Thema Himmelsblau passen:

_____

_____

_____

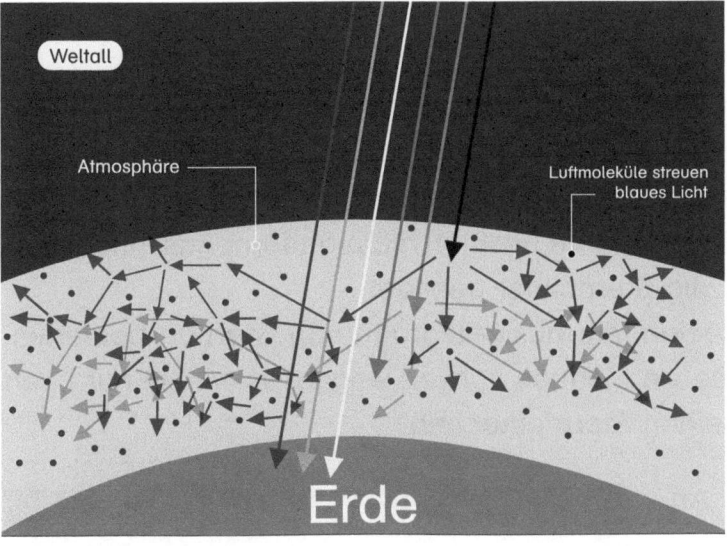

Obwohl die Sonne weißes Licht aussendet, erscheint für uns der Himmel blau.
Dieses weiße Licht besteht allerdings aus allen Farben gemeinsam. Denn Licht besteht aus elektromagnetischen Wellen. Diese sind alle unterschiedlich lang. Langwellige Lichtstrahlen sehen wir als ein rot oder orange. Je kürzer die Wellen werden, desto mehr ändert sich die Farbe von gelb zu grün bis blau.

Die Erde ist umschlossen von der Erdatmosphäre, die gebildet wird aus Gasmolekülen, wie Sauerstoff und Stickstoff, und auch Staubkörnern. Wenn Lichtstrahlen oder besser Lichtwellen nun auf diese Teilchen stoßen, werden sie manchmal aus der Bahn geworfen, sie werden „gestreut". Die kurzen blauen Wellen werden häufiger abgelenkt und verbreiten sich dann im Zickzack über das gesamte Firmament. So sehen wir den Himmel vor allem blau.

B3 Was siehst du am Sternenhimmel?

! Was wir schon über das Thema Sternenhimmel wissen:

_____

_____

_____

? Sammelt Fragen, die zu dem Thema Sternenhimmel passen:

_____

_____

_____

Wenn du nachts in den Himmel schaust, siehst du viele leuchtende Punkte am Nachthimmel:
- Planeten, die das Licht der Sonne reflektieren. Sie sind nicht immer zu sehen, weil sie sich bewegen.
- Fixsterne, die immer an derselben Stelle am Himmel stehen und ihre Position nicht ändern. Aus ihnen werden die Sternbilder gebildet.
- Galaxien, die aus Milliarden von Sternen bestehen. Diese sind jedoch so weit weg, dass wir sie nur noch als einen Stern erkennen.

Sterne, die in einer bestimmten Anordnung stehen, nennt man Sternbild. Es gibt unzählige Sternbilder, deren Form die Menschen an verschiedene Bilder erinnert. Das war schon vor Tausenden von Jahren so. Auch die zwölf Tierkreiszeichen, also unsere Sternzeichen, sind im Nachthimmel wiederzufinden.

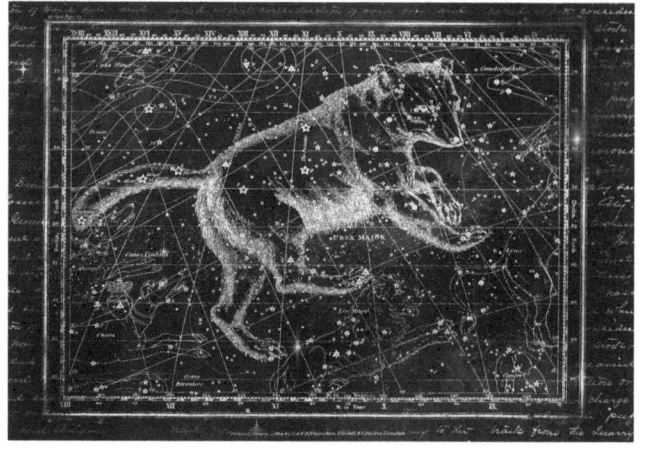

B4 Warum kann man Wolken am Himmel sehen?

! Was wir schon über das Thema Wolken wissen:

_____

_____

_____

? Sammelt Fragen, die zu dem Thema Wolken passen:

_____

_____

_____

Wolken sind Ansammlungen aus sehr feinen Wassertröpfchen. Diese bestehen
5 aus Nebel oder Eiskristallen in der Atmosphäre. Wenn viel Wasser in der Luft ist und die Luft dieses nicht genug in Form von Wasserdampf aufnehmen kann, dann bilden sich Wolken. Das Wasser
10 in Form von Gas verwandelt sich dann, man nennt es „kondensieren", zu flüssigem Wasser.

Wolken gibt es in vielen Größen und Arten. Sie werden von Wissenschaftlerinnen und Wissenschaftlern unterschieden nach ihrer Form, ihrer Größe und ihrer Höhe.
15 Und je nachdem wie die Wolke aussieht, kann das Wetter für die nächsten Stunden vorhergesagt werden, also ob es z. B. bald regnet.

Sitzt du in einem Flugzeug, kannst du Wolken genauer betrachten. Ein Flugzeug fliegt meist über den Wolken oder auch manchmal durch
20 die Wolken.

B5 Was für Himmelskörper gibt es?

! Was wir schon über das Thema Himmelskörper wissen:

_____

_____

_____

? Sammelt Fragen, die zu dem Thema Himmelskörper passen:

_____

_____

_____

Am Himmel kann man viele Himmelskörper erkennen. Einige davon sind z. B.:
- unsere Sonne,
- Planeten,
- unser Mond.

In unserem Sonnensystem drehen die Planeten, zu denen auch die Erde zählt, sich um die Sonne und der Mond dreht sich um die Erde.

In einem Planetarium kannst du den Himmelskörpern ganz nah sein. Es ist ein Gebäude, in dem man sich die Himmelskörper sehr genau anschauen kann. Meist erkennt man ein Planetarium an seiner großen Kuppel, also einem Dach, das aussieht wie eine große Halbkugel. Darunter steht ein Projektor, der Bilder unter die Kuppel strahlt. Auch in deiner Nähe gibt es bestimmt eins.

Arbeitsaufträge

B1 bis B5

○ Lest euch die Frage vor, die euer Thema vorgibt: Was wisst ihr schon über die Frage? Notiert alles.

△ Sammelt danach passende Unterthemen bzw. weitere Fragen, die zu eurer Frage passen. Das Internet oder Themenbücher können euch dabei helfen.

○ Sucht anhand von guten Suchmaschinen, wie blinde-kuh.de oder frag-finn.de nach Informationen zu eurem Thema.

🖱 Findet Videos oder dreht selber Videos, die euer Thema gut erklären.

○ Findet passende Bilder im Internet.

◩ Fertigt ein Plakat an. Wählt dazu für jedes Unterthema eine andere Farbe und schreibt dazu Texte oder Stichworte oder Steckbriefe. Dann klebt alles mit den Fotos auf das Plakat.

△ Legt euch Stichwort-Karten an und stellt den anderen Kindern der Lerngruppe euer Thema vor.

☐ Denkt euch Fragen oder Aufgaben für die anderen Gruppen aus, die ihr ihnen am Ende des Vortrages stellt.

C. Was erzählt die Bibel über den Himmel?

Didaktischer Kommentar

Grundlage des Anspiels (C2) ist das apokryphe **Buch Tobit** (oder auch Tobias) aus den Spätschriften des Alten Testaments. Es gehört zu den weisheitlichen Lehrerzählungen. In dieser Familiengeschichte wird von dem erblindeten Tobit und seiner Frau Hanna erzählt, deren Sohn Tobias auf eine Reise von Ninive (heute im Irak) nach Medien (im heutigen Iran) geschickt wird. Sein Begleiter ist der Engel Rafael, der zunächst von Tobias nicht als Engel erkannt wird. Rafael bezwingt auf der Reise Krankheiten und Dämonen, sodass am Ende Tobias die Blindheit seines Vaters Tobit heilen kann und aus Medien eine Ehefrau mit nach Hause bringt. Erst am Ende gibt sich Rafael als Engel, der im Auftrag Gottes gehandelt hat, zu erkennen.

Die Erzählung „**Jakobs Traum**" (nach 1. Mose 28,10 ff.) ist eingebettet in die Jakobsüberlieferung. Nach der Erschleichung des Segens und der Ankündigung Esaus, ihn nach dem Tod des Vaters umzubringen, flieht Jakob mithilfe seiner Mutter Rebekka zu ihrem Bruder Laban nach Haran: eine Entfernung von ca. 1.250 Kilometern, was etwa 62 Tagen Fußmarsch entspricht. Erst nach Sonnenuntergang legt sich Jakob hin und nimmt einen Stein als Kopfkissen. In seinem Traum sieht er eine Himmelsleiter, die die Erde mit dem Himmel verbindet (1. Mose 28,12), darauf steigen die Engel Gottes auf und nieder. Am oberen Endpunkt der Leiter steht Gott. Jakob hört Gottes Stimme. Er stellt sich als Gott Abrahams und Isaaks vor. Er erneuert sein Versprechen, das er einst Abraham gegeben hat (Land und Nachkommen, s. 1. Mose 12,1 f. und 13,15 f.) und spricht Jakob seinen Schutz und Segen zu. Als Jakob aufwacht, fürchtet er sich (V. 17): Was bedeutet diese Begegnung Gottes mit ihm? Oder war es doch nur ein (unbedeutender) Traum? Jakob erkennt den Ort als „heilig", als „Gottes Haus" an; er richtet den Stein, auf dem er gelegen hat, als Steinmal auf und nennt diese Stätte Bet-El, das Haus Gottes.

Der Maler Jusepe de Ribera (1591–1656) betont in seinem Gemälde „Jakobs Traum von der Himmelsleiter" besonders die Gegensätze von hell und dunkel. In dem Lichtstrahl, der auf Jakobs Gesicht fällt, sind – kaum erkennbar – einzelne Engel als Silhouetten sichtbar. Gott, der laut Bibeltext an der Spitze der Leiter steht, ist nicht gemalt. In einer eher unbequemen Haltung liegt Jakob auf einem Stein.

Christi Himmelfahrt wird nur von Lukas erzählt (Lk 24,50–53 und Apg 1,3–11). 40 Tage nach seinem Tod und seiner Auferweckung ist Christus den Jüngerinnen und Jüngern erschienen. Die Zahl 40 ist eine Zeit der Vorbereitung: 40 Jahre zog das Volk Israel durch die Wüste, 40 Tage war Mose auf dem Berg, als er die Zehn Gebote empfing, 40 Tage war Jesus vor seinem Auftreten in der Wüste. So markiert Himmelfahrt den Beginn einer neuen Zeit, die mit dem Geistempfang zu Pfingsten den endgültigen Wendepunkt erhält. In der Himmelfahrtsgeschichte veranschaulicht Lukas mit den Mitteln damaliger Entrückungsvorstellungen die Erhöhung Christi (vgl. auch 1. Mose 5,24 und 2. Kön 2,11 ff.; ebenfalls gab es entsprechende Erzählungen von Herakles, Romulus und Alexander dem Großen). Im Glaubensbekenntnis bekennen wir „Er sitzt zur Rechten Gottes" – dort ist der Platz des Ehrengastes und des Thronfolgers. Es geht bei der Himmelfahrtserzählung nicht darum, wie Himmelfahrt geschehen ist, sondern darum, dass der Mensch Jesus als Christus bei Gott ist. Dieser Gedanke wird durch die Wolke zum Ausdruck gebracht, die in der Geschichtentradition Israels das Bild für Gottes Gegenwart ist (vgl. z. B. 2. Mose 13,21 f. und 4. Mose 9,15 ff.).

Christi Himmelfahrt ist nach wie vor ein gesetzlicher Feiertag. Die Bedeutung und der Ursprung des Festes sind in der Gesellschaft zunehmend unbekannt, der willkommene freie Tag ist zum Vatertag umfunktioniert worden.

Das **Gleichnis vom Senfkorn** (Mt 13,31 f. par, Mk 4,30 ff. und Lk 13,18 f.) ist eingebettet in unterschiedliche Gleichniserzählungen der Umwelt von Jesu Zuhörerinnen und Zuhörern. Im Unterschied zu den Evangelisten Markus und Lukas, sie sprechen von Reich Gottes, benutzt Matthäus den Ausdruck Himmelreich, um den Namen Gottes nicht zu gebrauchen. Beide Begriffe sind synonym anzuwenden. Das Gleichnis vom Senfkorn thematisiert in knapper Form den Unterschied zwischen kleinen Anfängen und dem großen Ende, der anhand des Wachstums eines Senfkorns veranschaulicht wird. Bei der Pflanze handelt es sich vermutlich um den Schwarzen Senf, dessen Samenkörner einen Durchmesser von nur etwa einem Millimeter haben und dessen Staude eine Höhe von bis zu drei Metern erreichen kann. Senfstauden waren zur Zeit Jesu „Unkraut", das man rechtzeitig ausreißen musste, damit es sich nicht ausbreitete. Für die jüdischen Zuhörerinnen und Zuhörer war der Vergleich des Himmelreiches daher in doppelter Weise skandalös, denn neben der Kenntnis über das Unkraut hatten sie das Bild aus Ezechiel 17 im Kopf, in dem die Herrschaft Gottes mit einer Zeder verglichen wird, die auf einem „hohen und erhabenen" Berg gepflanzt wird (Ez 17,22).

Hinweise zu den Materialien im Einzelnen
Zu Beginn des Kapitels beschäftigen sich die SuS mit dem Thema Engel. Vermutlich wird bei den allermeisten Kindern die typische Klischee-Vorstellung eines Engels vorherrschend sein. Deshalb sammeln die Kinder zuerst Eigenschaften von „**Engel oder Mensch**" **(C1)** und stellen heraus, woran man einen Engel erkennt und was die Aufgaben eines Engels sind bzw. sein könnten. Auch hier kann schon die provokante Frage gestellt werden, ob ein Engel auch anders aussehen kann.

Darauf bezieht sich dann das Anspiel „**Tobias und Rafael**" **(C2)**. Während sich typische Klischee-Engel miteinander unterhalten, wird die Geschichte von Tobias und Rafael erzählt und dass man dabei den Engel eben nicht einfach erkennen konnte.

Das Anspiel kann in verteilten Rollen gelesen werden. Auch ein Abschlussgottesdienst unter dem Motto: „Ein Engel geht mit" ist mit der Grundlage des Anspiels denkbar. Fürbitten und Eingangspsalm können von den SuS gemeinsam gestaltet werden. Als musikalische Untermalung können Lieder wie „An Angel" (Kelly Family), „Angels" (Robbie Williams) oder „There must be an angel" (No Angels) genutzt werden, wenn die Engel den Raum betreten oder sich am Ende umziehen und ihre Flügel „ablegen".

Im Anschluss daran eignet es sich mit den SuS darüber zu sprechen, in welchen Alltagssituationen sie schon einmal einen Engel bemerkt haben, obwohl man ihn nicht erkennen konnte. Die Kinder identifizieren die gezeigten Bilder und finden eigene Geschichten aus ihrem Alltag. Möglich an dieser Stelle ist auch eine Fotokartei auszulegen, die als Inspiration für die Kinder dienen kann. Geeignete Fotos, um sie im Unterricht zu nutzen, sind z. B. bei pixabay zu finden oder man erstellt eigene. Möglich ist auch, dass die Kinder am Ende diese Kartei ergänzen, indem sie eigene Fotos von Situationen machen bzw. Situationen nachstellen, in denen ihnen schon einmal ein Engel begegnet ist.

„**Jakobs Traum**" **(C4)** nimmt die Grundgedanken der biblischen Geschichte auf: der Betrug Jakobs, die Hilfe durch Rebekka, die Drohung Esaus und schließlich der Traum von der Himmelsleiter und die Zusage Gottes, Jakob zu schützen. Die Erzählung endet mit Fragen, die die Offenheit des Geschehens verdeutlichen und evtl. an die SuS weitergegeben werden können. Einleitend zu der Erzählung kann mit den SuS über Träume gesprochen werden:

An welchen Traum erinnerst du dich?
Was ist das Besondere an Träumen?
Sind sie nur Fantasie oder auch Wirklichkeit?
Gibt es gute und schlechte Träume?

Mithilfe der Erzählung kann die Jakobsgeschichte wiederholt oder in groben Zügen bekannt gemacht werden. Für das Thema Himmel ist es entscheidend, die Verbindung von Erde und Himmel aufzuzeigen. Dabei sollte herausgearbeitet werden, dass nicht der Mensch Jakob diese Verbindung herstellt, sondern sie von Gott, an der Spitze der Leiter stehend, ausgeht und er damit gleichzeitig seinen Schutz und Segen verspricht.

Einen Einstieg zur Erzählung bietet das Bild von Jusepe de Ribera:

Was könnte der Mann träumen?
Wo ist die Himmelsleiter?
Wie sieht sie aus?
Wie hat der Maler sie dargestellt?
Was bedeuten die hellen und dunklen Farben?

Das Bild ist ebenfalls nach dem Hören/Lesen der Erzählung einsetzbar: Neben einer vergleichenden Interpretation mit dem Text können die SuS an dem Bild weiterarbeiten, indem sie den Traum Jakobs in bzw. über das Bild malen.

In der Erzählung „**Schulfrei**" **(C5)** werden die didaktischen Überlegungen aufgenommen. Statt Vatertag wird Himmelfahrt auf dem Hintergrund des antiken Weltbildes, das Symbol der Wolke und der Unterschied von „sky" und „heaven" thematisiert. Die SuS können sich mit dem antiken Weltbild beschäftigen und die einzelnen Teile beschriften **(C6)**. Der Holzschnitt von Albrecht Dürer **(C7)** nimmt die Frage von Emma auf: „Wie kann man sich das vorstellen?" Die SuS können eigene Gedanken und Ideen, wie der

„Himmel" aussehen könnte, entwickeln und den Holzschnitt nach ihren Vorstellungen ergänzend gestalten.

Alternativ zu der Bildbetrachtung zu Rembrandts Gemälde „Christi Himmelfahrt" (siehe **Downloadmaterial C7**) erhalten die SuS kleine Schnipsel des Bildes und kleben sie auf einem leeren Blatt auf einer beliebigen Stelle auf. Anschließend malen sie – ausgehend von dem vorgegebenen Ausschnitt – das Bild fertig. Die neu entstandenen Werke können im Hinblick auf die Positionierung der Personen und ihre Mimik und Gestik sowie auf mögliche Lichteffekte verglichen werden. Welche Erkenntnisse und Aussagen lassen sich über Himmelfahrt machen?

Die Aufgabe der Gestaltung eines Kirchenfensters **(C8)** erfordert ein Nachdenken der SuS darüber, was ihnen zu Himmelfahrt wichtig geworden ist. Gestalterisch können sie hier ihre Überlegungen fokussieren.

In der Geschichte „**Das Gleichnis vom Senfkorn**" **(C10)** wird deutlich, dass das Gleichnis ein bildhafter Vergleich ist („Genauso ist es mit dem Reich Gottes, mit dem Himmel"). In der Erzählung wird deutlich, dass mit Jesus ein neues Leben situativ beginnt: Kranke werden geheilt, Menschen wird geholfen. Die SuS können bekannte Geschichten wiederholen, Geschichten, in denen Jesus Kranke geheilt und sich ihnen zugewendet hat. Auch wenn die Senfstaude den SuS eher unbekannt ist, finden sich in ihrer Lebenswelt Anknüpfungspunkte, die das Besondere des Wachsens verdeutlichen: Aus einer Pflanze wird ein großer Baum, aus einem Baby wird eine Frau/ein Mann, aus einem Welpen wird ein großer Hund ... Mithilfe der Arbeitsanweisungen können die SuS einerseits die Aussagen des Gleichnisses verstehen, andererseits ihren Blick auf mögliche Veränderungen in ihrem Leben schärfen.

Das Lied „**Kleines Senfkorn Hoffnung**" **(C11)** kann die Geschichte des Senfkorns begleitend vertiefen.

C1   Engel oder Mensch?

C2 Tobias und Rafael

(Musik läuft … Engel spielen auf der Bühne … dann wird die Musik leiser)

1. Erzählengel: Ach, es ist schön, ein Engel zu sein!
2. Erzählengel: Ja, das stimmt!
3. Erzählengel: Und erst diese schönen Kleider und die Flügel!
1. Erzählengel: Vergiss nicht unseren herrlichen Heiligenschein!
2. Erzählengel: Man kann den ganzen Tag auf den Wolken umhertanzen und glücklich sein.
3. Erzählengel: Sehen eigentlich alle Engel so aus wie wir?
2. Erzählengel: Na klar sehen alle so aus, oder nicht?! Denk doch nur mal an meinen Urgroßvater Gabriel. Der ist zu Maria gekommen und hat ihr erzählt, dass sie schwanger ist und dass sie ein Kind gebären wird.
3. Erzählengel: Ja, stimmt. Das Kind war doch Jesus!?
2. Erzählengel: Richtig! Und als Gabriel zu Maria kam, sah er genauso aus, wie wir jetzt! Sie hat ihn an seinen Flügeln erkannt.
1. Erzählengel: Genauso wie der Engel auf dem Feld, der den Hirten von der Geburt Jesu erzählt hat. Der war strahlend weiß und hatte wunderschöne große Flügel.
3. Erzählengel: Ja, das war meine Großmutter.
2. Erzählengel: Also sehen alle Engel so aus wie wir?
1. Erzählengel: Mir fällt da gerade eine Geschichte ein, sie handelt von meinem Onkel.
2. und 3. Erzählengel: Erzähl!
1. Erzählengel: Also, da war ein Mann, der hieß Tobit und seine Frau, die hieß Hanna. Sie lebten mit ihrem Sohn Tobias in der Stadt Ninive. Es ging ihnen sehr gut dort. Sie hatten Arbeit und Tobit verdiente viel Geld für die Familie. Deshalb nahm Tobit einen Sack und füllte ihn mit viel Geld und ging zu einem Bekannten.
Tobit: Hier, pass bitte auf diesen Sack voll Gold auf. Wenn es mir und meiner Familie einmal nicht so gut geht, dann kann ich ihn mir von dir wiederholen.
1. Erzählengel: Doch einige Zeit später verließ das Glück die Familie. Ein neuer König herrschte in Ninive und dadurch entstanden Unruhen. Gleichzeitig verlor Tobit sein Augenlicht und seine Frau Hanna musste nun Geld für die Familie verdienen. Tobit ging es schlecht und er hatte Angst, dass seine Familie in Armut leben musste. Da hatte er eine Idee.
Tobit: Tobias, mein Sohn. Komm zu mir! Du weißt, es geht uns nicht gut. Bitte geh zu unserem Bekannten. Dort liegt ein Sack Geld von mir. Hole ihn und uns wird es besser gehen.
Tobias: Ja, du kannst dich auf mich verlassen!
Tobit: Pass aber auf dich auf. Der Weg ist lang und beschwerlich!

Tobias: Das mache ich, Vater!

1. Erzählengel: Tobias lief los und als er auf seinem Weg eine kurze Rast machte, traf er auf einen Mann.

Rafael: Hallo! Ich heiße Rafael. Du siehst müde aus. Kann ich dir helfen?

Tobias: Ich muss den ganzen Weg laufen, um einen Sack Geld für meinen Vater zu holen. Meiner Familie geht es sehr schlecht und mit dem Geld würde es uns bald besser gehen.

Rafael: Ich möchte dir helfen und dich begleiten.

Tobias: Wirklich? Das würde mich freuen. Dann wäre ich nicht so alleine!

1. Erzählengel: Die beiden liefen also den gesamten, beschwerlichen Weg gemeinsam. **(– Tobias und Rafael laufen. –)** Sie kamen bei dem Bekannten der Familie an und holten den Sack Geld ab. Auf dem Heimweg fanden sie sogar ein Heilmittel für Tobits Blindheit. **(– Tobias und Rafael laufen. –)** Schließlich kamen sie wieder zu Hause an. Tobit konnte so geheilt werden.

Tobit: Ich kann es gar nicht fassen. Ich danke euch aus tiefstem Herzen. Rafael, du warst ein guter Begleiter meines Sohnes. Wie kann ich dir nur je danken? Ich möchte dir die Hälfte meines Goldes geben!

Rafael: Nein, behalte dein Gold. Ich habe das gerne gemacht. Ich bin Rafael, ein Engel Gottes. Dankt Gott in Ewigkeit.

1. Erzählengel: Rafael verschwand plötzlich und Tobit, Hanna und Tobias erzählten überall, welch große Dinge Gott getan hat.

(– Tobit, Hanna und Tobias laufen zum Volk, was im Hintergrund steht und erzählen ihnen aufgeregt von den Taten Gottes. Dabei laufen sie von der Bühne. –)

2. Erzählengel: Wow, dann war Rafael also ein Engel.

3. Erzählengel: Das hätte ich nicht gedacht. Er hatte ja gar keine Flügel!

1. Erzählengel: Ja, das war er. Wisst ihr denn nicht, dass man die meisten Engel gar nicht erkennt? Sie sind überall, ohne dass man sie bemerkt. Sie beschützen dich und helfen dir.

2. Erzählengel: Ja, jetzt erinnere ich mich. Ich habe schon viel von solchen Geschichten gehört, wo Engel jemanden begleitet haben, ohne dass es derjenige wusste.

3. Erzählengel: Wir müssen es den Menschen erzählen. Aber wie können wir ihnen zeigen, dass man uns nicht immer als Engel erkennt?!

1. Erzählengel: Ganz einfach! Auch Flügel kann man abnehmen.

2. Erzählengel: Stimmt, wir müssen Ihnen nur zeigen, wie Engel ohne ihre Flügel und ihren Heiligenschein aussehen.

(– Alle drei Engel ziehen sich um. –)

1. Erzählengel: Seht ihr: Engel können aussehen wie du und ich!

C3 Engel sein

28 | Was erzählt die Bibel über den Himmel?

C4 Jakobs Traum

Was war das für eine Nacht!
Und dieser Traum!
Keinem kann ich davon erzählen, denn ich bin allein – allein auf der Flucht.
Meine Mutter Rebekka hat mir geholfen: „Jakob, du musst fliehen. Dein Bruder Esau will dich umbringen."
Es stimmt, ich habe meinen Bruder betrogen, ich habe den Segen von meinem Vater Isaak erhalten, obwohl ich der Jüngere bin.
Und jetzt dieser Traum:
Eine Treppe reichte von der Erde bis zum Himmel. Und auf der Treppe bewegten sich Engel. Sie stiegen auf und nieder. Und Gott stand oben auf der Treppe und sagte: „Ich bin es, der Gott von Abraham und der Gott deines Vaters Isaak. Ich bin bei dir, Jakob. Ich will dich beschützen, wo auch immer du hingehst. Und du wirst wieder hierhin zurückkommen, in deine Heimat."
Was bedeutet dieser Traum?
Was bedeutet das, was Gott gesagt hat?
Was bedeutet die Treppe zwischen Himmel und Erde?
Was bedeuten die Engel?
Wird der Traum Wirklichkeit?

Nach 1. Mose 28,10–15

Jusepe de Ribera, Jakobs Traum von der Himmelsleiter, 1639

C5 Schulfrei!

„Morgen haben wir schulfrei", freut sich Emma, als sie aus der Schule kommt.
„Wir haben sogar das ganze Wochenende frei", erzählt ihr Bruder Paul. „Wir haben nämlich nach dem Vatertag noch einen sogenannten Brückentag."
„Vatertag?", wundert sich Emma. „Unsere Lehrerin hat gesagt, wir hätten schulfrei wegen Himmelfahrt."
„Himmelfahrt?"
„Ja, Himmelfahrt. Am Himmelfahrtstag ist Jesus in den Himmel gefahren."
Paul lacht: „Wie stellst du dir das denn vor? In den Himmel gefahren! Etwa mit einem Flugzeug? Oder mit einer Rakete?"
Bevor die Geschwister sich streiten, mischt sich ihre Mutter ein: „Also, mit einer Rakete ist Jesus bestimmt nicht in den Himmel gefahren, denn Flugzeuge und Raketen gab es vor 2.000 Jahren noch gar nicht. Der Evangelist Lukas, der die Himmelfahrtsgeschichte damals aufgeschrieben hat, glaubte, dass Gott oben ist und dass Jesus irgendwie zu ihm gekommen ist. Ich hole mal eine Bibel und gucke nach, was er genau geschrieben hat."
Nach ein paar Minuten ist die Mutter wieder da.
„Das weiß ich noch – Lukas hat es aufgeschrieben. Ach ja, er hat zwei Bücher geschrieben. Einmal das Evangelium und dann noch die Apostelgeschichte. Hier hab ich's: Am Anfang der Apostelgeschichte, da steht … Moment … hier: ‚Und als er das gesagt hatte, wurde er vor ihren Augen emporgehoben, und eine Wolke nahm ihn auf, weg vor ihren Augen.'"
„Also in einer Wolke", denkt Emma nach.
„Aber ich verstehe es trotzdem noch nicht. Die Erde ist doch rund, eine Kugel, wo ist denn dann überhaupt oben?", wendet Paul ein.
„Früher stellten sich die Menschen die Erde anders vor. Sie wussten noch nicht, dass sie eine Kugel ist. Sie dachten, sie sei eine Scheibe, über die sich der Himmel spannte." Mutter überlegt einen Moment. „Paul, du kannst doch schon Englisch. Was heißt Himmel auf Englisch?"
„Hm, sky, oder?"
Emma ist ganz aufmerksam: „Aber wir haben neulich im Religionsunterricht ein Lied gesungen, ein Gospel, da hieß Himmel ‚heaven'!"
„Genau, ihr habt beide recht. Der Himmel, den wir sehen, der heißt ‚sky'. Und der Himmel, der in dem Lied gemeint war, heißt ‚heaven'. Das ist der Himmel, der unsichtbar ist, das ist der Himmel Gottes."
Paul überlegt: „Also ist bei Himmelfahrt ‚heaven' gemeint, weil ja gesagt wird, dass Jesus bei Gott ist."
Emma denkt noch darüber nach: „Heaven? Himmel Gottes? Wie kann man sich das vorstellen?"

C6 Das alte Weltbild

Was erzählt die Bibel über den Himmel?

C7 Christi Himmelfahrt

Albrecht Dürer, Folge der „Kleinen Passion", Szene: Christi Himmelfahrt, um 1510

C8 Kirchenfenster

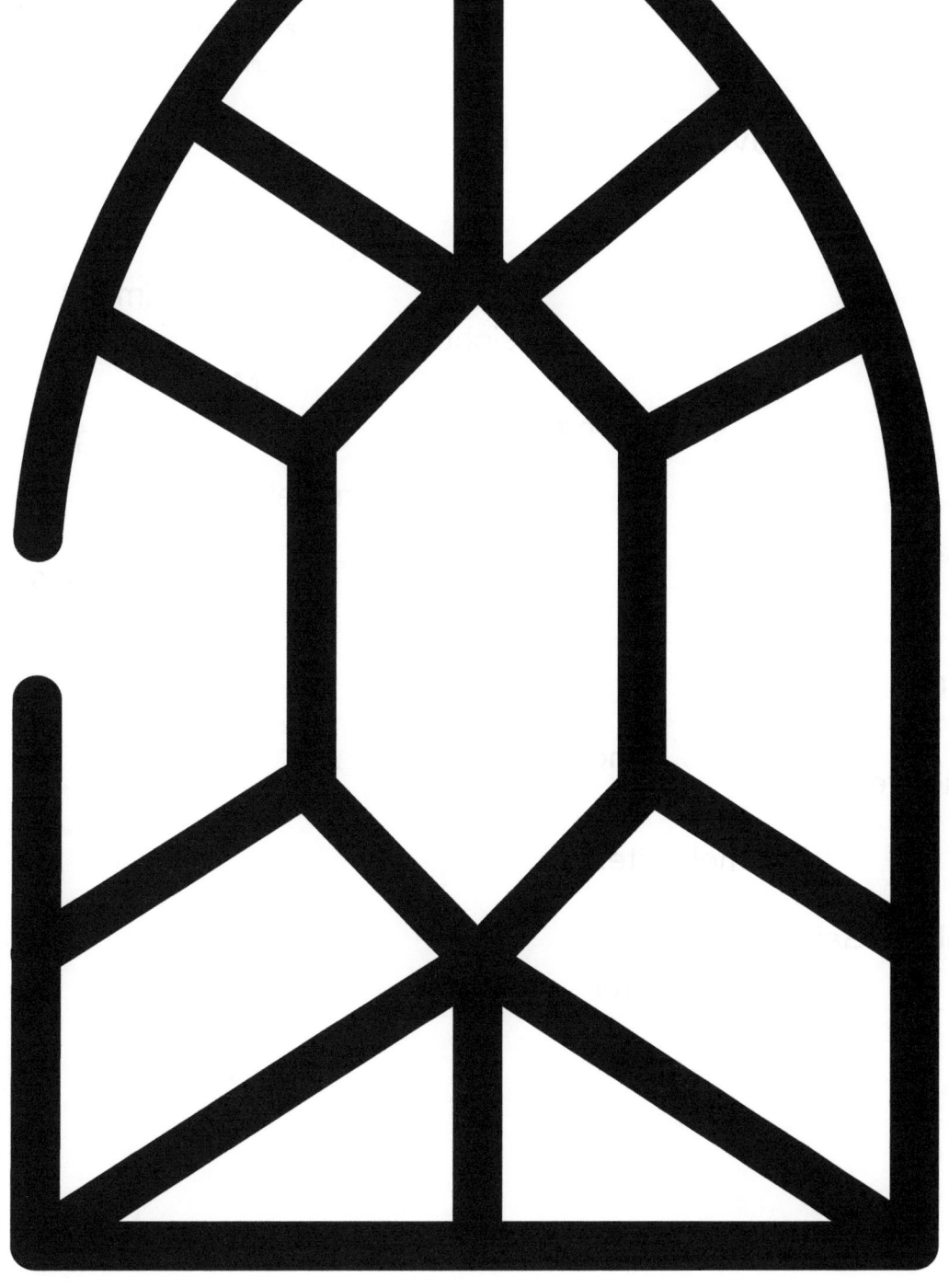

C9 — Heaven und Sky

> „Heaven" meint das himmlische Reich bei Gott.
>
> „Sky" meint den wissenschaftlichen Himmel, in dem man Wolken, Himmelskörper und Sterne sehen kann.

heaven

Wolken
Himmelsrichtungen
unsichtbar
Mond
Himmel
Sterne
Himmelszelt
Gott
Jesus
Firmament
Sonne
Engel
Himmelsreich
Himmelsleiter
Heiliger Geist
Unwetter

sky

Was erzählt die Bibel über den Himmel?

C10 Das Gleichnis vom Senfkorn

„Himmel! Reich Gottes! Wann kommt es endlich?"
Petrus und die anderen Freundinnen und Freunde schauen Jesus an:
5 „Du bist da, du hast schon Kranke geheilt, du hilfst den Menschen. Du zeigst, wie der Himmel auf Erden aussehen könnte. Aber wie geht
10 es weiter? Und wann geht es weiter?"
Jesus überlegt einen Moment.
„Ich will es euch erklären.
15 Ihr kennt alle ein Senfkorn."

Alle nicken: „Ja, das ist das kleinste Korn, das wir kennen", sagt Andreas.
„Und was passiert, wenn man es in die Erde legt?"
„Es wächst. Wenn es in guten Boden 20 gelegt wird, wird es in einem Jahr ein großer Strauch. So groß, dass die Vögel darin Schatten finden."
„Genauso ist es", sagt Jesus. „Und 25 genauso ist es mit dem Reich Gottes, mit dem Himmel: Zuerst ganz klein wie ein Senfkorn, und dann immer größer wie ein großer Strauch."

Nach Matthäus 13,31–32

C11 Lied: Kleines Senfkorn Hoffnung

Klei - nes Senf - korn Hoff-nung, mir um - sonst ge - schenkt:
wer - de ich dich pflan - zen, dass du wei - ter wächst,
dass du wirst zum Bau - me, der uns Schat - ten wirft,
Früch - te trägst für al - le, al - le, die in Ängs - ten sind.

2. Kleine Münze Hoffnung, mir umsonst geschenkt:
   werde ich dich teilen, dass du Zinsen trägst,
   dass du wirst zur Gabe, die uns leben lässt,
   Reichtum selbst für alle, alle, die in Armut sind.

3. Kleine Träne Hoffnung, mir umsonst geschenkt:
   werde ich dich weinen, dass dich jeder sieht,
   dass du wirst zur Trauer, die uns handeln macht,
   leiden lässt mit allen, allen, die in Nöten sind.

4. Kleines Pflänzchen Hoffnung, mir umsonst geschenkt:
   werde ich dich pflegen, dass du größer wirst,
   dass du wirst zur Staude, die uns Früchte bringt,
   Früchte trägt für alle, alle, die im Abseits sind.

Alois Albrecht (Text), Ludger Edelkötter (Musik)

Arbeitsaufträge

C1 Engel oder Mensch?

○ Schau dir die Abbildungen der Figuren an. Was siehst du? Beschreibe sie, indem du Stichworte zu den Bildern schreibst.

○ Wie stellst du dir Engel vor? Sammle Eigenschaften von einem Engel, so wie du ihn dir vorstellst, und sammle ebenfalls Eigenschaften eines Menschen. Vergleicht beide miteinander.

△ Gestalte einen Engel, so wie du ihn dir vorstellst. Was darf dabei nicht fehlen? Du könntest malen oder eine Collage kleben.

C2 Tobias und Rafael

○ Lest das Anspiel mit verteilten Rollen.

△ Warum ist diese Geschichte etwas Besonderes für dich? Was hat dich überrascht?

△ Gestaltet zum Ende des Schuljahres einen Gottesdienst zum Thema „Ein Engel geht mit" und spielt den anderen Kindern der Schule das Theaterstück vor. Bereitet auch einen passenden Psalm und Fürbitten vor.

C3 Engel sein

○ Schau dir die drei Bilder an: Beschreibt die Situationen mit: Ich sehe ... Ich denke ... Ich frage mich noch ...

△ Überlege, wer in diesen Situationen ein Engel für jemand anderen ist.

□ Fallen dir Situationen ein, in denen schon mal jemand ein Engel für dich war? Male sie in die Kästen und schreibe dazu.

△ Schreibe ein Engel-Gedicht. Es kann ein Elfchen sein oder ein Haiku oder ein Schneeballgedicht oder ein anderes Gedicht deiner Wahl.

C4 Jakobs Traum

△ Male einen Traum, den du hattest. Du musst nicht eine Person, Gestalten oder Gegenstände malen. Du kannst auch nur Farben verwenden. Welche Farben wählst du? Was hat die Wahl der Farben mit deinem Traum zu tun?

○ Lies den Text genau und beantworte folgende Fragen:
Warum ist Jakob auf der Flucht?
Was verspricht Gott Jakob?

△ Schreibe die Fragen Jakobs auf und beantworte sie.

- [ ] Ist es gerecht, dass Gott den Betrüger Jakob beschützen will? Suche eine Begründung für deine Antwort.
  Teilt anschließend die Lerngruppe auf: Auf der einen Seite stehen die SuS, die Gottes Handeln für gerecht halten, auf der anderen Seite die, die es ungerecht finden. Diskutiert eure Argumente.

- [ ] Male in das Bild „Jakobs Traum von der Himmelsleiter" Gedankenblasen und fülle sie aus.

- △ Koloriere das Bild, indem du es mit Farben gestaltest. Vergleicht eure Ergebnisse in einem Museumsgang.

C5 Schulfrei!

- ○ Sammelt Fragen zum Thema Himmelfahrt. Nachdem ihr euch mit dem Thema beschäftigt habt, könnt ihr versuchen, die Fragen zu beantworten.

- △ Mithilfe der Geschichte lassen sich die verschiedenen Bedeutungen von Himmel erklären:
  Himmel (sky) …
  Himmel (heaven) …

- [ ] Schreibe ein Elfergedicht mit dem Ausgangswort „Himmel" oder „Himmelfahrt".

C6 Das alte Weltbild

- ○ Früher glaubte man, dass Gott über der Welt thront und die Erde auf Säulen steht. Tragt folgende Wörter passend in die Skizze ein: Thronsitz Gottes – Unterwelt – Erde – Mond – Sonne – Sterne – Erdsäulen – Regen

C7 Christi Himmelfahrt

- △ In dem Abdruck des Bildes von Albrecht Dürer wurde der obere Teil weggelassen. Vervollständige das Bild und gib ihm anschließend passende Farben. Tauscht euch über eure Ergebnisse aus.

- △ Betrachtet das Bild von Rembrandt: Ich sehe … Ich denke … Ich frage …

C8 Kirchenfenster

- △ Gestalte ein Kirchenfenster mit dem Titel „Himmelfahrt".

C9 Heaven und Sky

- ○ Überlege, ob es auch in der deutschen Sprache einen Unterschied gibt, damit klar wird, von welchem „Himmel" wir reden?

- △ Sortiert die Begriffe zu den passenden englischen Überbegriffen. Welche bereiten Schwierigkeiten? Welche kann man klar zuordnen?

- [ ] Fügt selbst noch passende Begriffe hinzu.

🖱 Dreht ein kleines Erklärvideo zu den Begriffen „heaven" und „sky". Schreibt euch ein Skript, bevor ihr beginnt und sammelt passende Gegenstände, die euch beim Drehen des Videos helfen können.

☐ Warum, glaubst du, gibt es zwei Begriffe im Englischen?
Sollte es auch in der deutschen Sprache zwei Begriffe geben?
Sammelt Pro- und Contra-Argumente.

☐ Überlegt euch zwei Wörter für die deutsche Sprache, um die Begrifflichkeiten zu unterscheiden.

◇ Stellt beide Begriffe als Melodie, Bild, Gedicht oder als Bodenbild dar.

C10 Das Gleichnis vom Senfkorn

○ Vervollständige den Satz:
Das Besondere an einem Senfkorn ist …

△ Suche Beispiele:
Aus etwas Kleinem wird Großes.

△ Wähle ein Psalmwort, das als Überschrift zu der Geschichte passt.

◇ Erzähle Geschichten, in denen Jesus geholfen hat.
Male ein Bild dazu.
Stellt eure Bilder aus. So habt ihr die Möglichkeit, Geschichten zu erinnern und zu wiederholen.

◇ Suche dir einen Partner/eine Partnerin. Stellt das Gleichnis vom Senfkorn mit eurem Körper nach. Ihr könnt auch passende Musik als Untermalung dazu suchen.

△ Pflanze ein Senfkorn in einen kleinen Blumentopf. Beobachte das Wachstum. Führe darüber ein Tagebuch.

☐ Überlege dir ein Beispiel oder eine Geschichte, in der dein „Senfkorn" wichtig für andere wird.

C11 Lied: Kleines Senfkorn Hoffnung

☐ „Kleines Senfkorn Hoffnung" – singt das Lied und beantwortet folgende Fragen dazu:
Was kann ich mit dem Senfkorn tun?
Welche Auswirkungen hat das auf andere Menschen?

○ Denkt euch während des Singens des Liedes passende Bewegungen aus.

○ Teilt euch beim Singen auf: Nur ein Teil der Lerngruppe singt die ersten beiden Zeilen einer Strophe, gemeinsam singen dann alle die dritte und vierte Zeile.

△ Male zu jeder Strophe zwei Bilder, die das Wachsen und die Veränderung zeigen.

D. Wie sieht der Himmel aus?

Didaktischer Kommentar

In dem (Kunst-)Märchen „**Die drei Schlüssel zum Himmel**" (D1) erzählt Manfred Kyber (geb. 1880 in Riga, gest. 1933 in Löwenstein), der vor allem durch seine ungewöhnlichen Tiergeschichten und seinen Einsatz für den Tierschutz bekannt ist, von einem reichen König, der die Schlüssel zum Himmel besitzen möchte. Der Engel, der „Hüter von Gottes ewigem Garten", sagt ihm, er müsse aus den vielen Himmelsschlüsseln die richtigen drei finden. Diese drei Himmelsschlüssel blühen für den König auf, als er einem bedürftigen Kind hilft, einen kranken Wolf gesund pflegt und eine unscheinbare Pflanze vor dem Vertrocknen bewahrt. Nur durch die Erkenntnis der Geschwisterlichkeit aller Wesen und die Umsetzung der gelebten Liebe zu allen Wesen (Menschen – hier das bedürftige Kind, Tieren – hier der kranke Wolf, Pflanzen – hier die vertrocknete Pflanze) öffnet sich die Türe zum Himmel. So geht es letztlich darum, im Leben aufmerksam zu sein: Die Sehnsucht nach dem Himmel verweist auf das Leben auf der Erde.

Hinweise zu den Materialien im Einzelnen

Bevor sich die SuS mit den differenzierten Arbeitsaufträgen zu dem Märchen „**Die drei Schlüssel zum Himmel**" (D1) auseinandersetzen, kann die Lehrkraft das Märchen vorlesen und an der Stelle unterbrechen, an der der König aufgefordert wird, die richtigen drei Himmelsschlüssel zu finden („… kannst du die Tore des Himmels aufschließen."). Die SuS stellen Vermutungen an, wie die Geschichte weitergehen könnte. Die ersten Arbeitsaufgaben regen dazu an, sich mit der Schlüsselblume zu beschäftigen. Sie kann in besonderen Farben koloriert werden, um die Schönheit und Besonderheit der Blume zu betonen. Die nächsten Aufgaben priorisieren den sachkundlichen Aspekt und damit einhergehend die Verwendung des Namens „Himmelsschlüssel". Indem die SuS die angefangenen Bilder weitermalen bzw. die Sätze vervollständigen, können sie den Inhalt des Märchens noch einmal rekapitulieren. Anschließend sind sie aufgefordert, auf der Grundlage der Aussagen des Märchens ihre eigenen Vorstellungen zum Himmel auszudrücken, indem sie ihre Gedanken malen und/oder ein Elfergedicht schreiben. In einem letzten Schritt können sie darüber nachdenken, was sie selbst tun können, um für sich einen blühenden Himmelsschlüssel zu entdecken.

Zum Abschluss der Reihe kann mit den Kindern noch eine „**Reflexion**" (D4) durchgeführt werden. Gemeinsam kann man im Anschluss zudem darüber sprechen, welchen Lernzuwachs die SuS entwickelt haben und was das Wichtigste ist, was sie aus der Reihe für sich mitnehmen. Möglich ist es auch, die Fragen des Reflexionsbogens auf Karten zu drucken und damit eine offene Runde im Abschlusskreis zu gestalten.

Ebenfalls denkbar ist, die Fragen über eine digitale Umfrage an die SuS weiterzuleiten, z. B. mit edkimo oder mentimeter. Dafür muss die Lehrkraft diese jedoch erst erstellen. Mithilfe eines QR-Codes oder eines Codes können die SuS dann darauf zugreifen.

Das **Lied** „**Da berühren sich Himmel und Erde**" (D5) dient als Begleitung für verschiedene Stunden. Der Text des Liedes eignet sich gut, damit die SuS sich noch einmal mithilfe eines anderen Mediums Gedanken über den Treffpunkt zwischen Himmel und Erde machen. Über den kreativen Zugang der Aufgaben mit dem Lied kann eine andere Ebene des Verstehens und Fühlens geschaffen werden.

D1 Die drei Schlüssel zum Himmel

Es lebte einmal ein großer, reicher König zu einer Zeit, in der noch alle Menschen den hohen Berg kannten, auf dessen Gipfel die Tore des Himmels gebaut sind. Bei all seinem Reichtum sehnte sich der König danach, auch die Schlüssel zu den Toren des Himmels zu besitzen; aber keiner konnte sie ihm bringen.
Eines Tages sagte ihm ein weiser Mann: „Alle Schätze der Erde kann man geschenkt bekommen, aber die Schlüssel zum Himmel muss jeder selbst suchen."
Da stieg der König selber auf den steilen Berg bis vor die Tore des Himmels und sagte dem Engel, dem Hüter vor Gottes ewigem Garten: „Ich finde keine Ruhe, bis ich nicht die Schlüssel zum Himmel besitze."

Der Engel lächelte und antwortete: „Auf der Erde blühen viele tausend Himmelsschlüssel, die von Menschen zertreten werden. Wenn du die richtigen drei findest, die nur zu deinen Füßen und für dich aufblühen, kannst du die Tore des Himmels aufschließen."
Viele Jahre suchte der König und zertrat keinen Himmelsschlüssel, doch nie blühte eine dieser Blumen vor seinen Füßen auf.

Eines Tages bettelte ihn ein schmutziges Mädchen an, das weder Vater noch Mutter hatte. Das Hofgesinde wollte das verwahrloste Mädchen zur Seite drängen, aber der König setzte es zu sich aufs Pferd. In seinem Schloss ließ er es speisen und kleiden und pflegen. Da blühte zu seinen Füßen ein kleiner, goldener Himmelsschlüssel auf.

Und der König ließ die Armen und Kinder in seinem Reich zu seinen Brüdern und Schwestern erklären.

Wieder vergingen Jahre.

Da erblickte der König auf einem Ritt durch den Wald einen sehr kranken Wolf. Die Höflinge wollten ihn verenden lassen, er aber trug ihn in seinen Palast und pflegte ihn selbst gesund. Und der Wolf wich nie mehr von seiner Seite. Da blühte ein zweiter goldener Himmelsschlüssel zu seinen Füßen auf. Der König aber ließ von nun an alle Tiere in seinem Reich zu Brüdern und Schwestern erklären.

Wieder vergingen einige Jahre.

Da spazierte der König in seinem herrlichen Garten mit den seltensten Blumen. Und er erblickte am Wegesrand eine kleine unscheinbare Pflanze, die nahe daran war zu verdursten.

„Ich will ihr Wasser bringen", sagte der König. Doch der Gärtner wollte ihn hindern: „Es ist Unkraut; ich will es ausreißen und verbrennen; es passt nicht in diesen königlichen Garten!" Der König aber holte Wasser, und die Pflanze begann wieder zu atmen und zu leben. Nun blühte der dritte Himmelsschlüssel zu des Königs Füßen auf, und das Bettelmädchen und der Wolf standen dabei. Der König aber sah auf dem steilen Berge die Tore des Himmels weit, weit geöffnet.

Auch heute blühen diese drei Himmelsschlüssel noch, und sie leuchten heller und schöner als alle Edelsteine und Blumen der Welt.

Manfred Kyber, Himmelsschlüssel

D2 Die Schlüssel zum Himmel

D3 Mein Tor zum Himmel

D4 Reflexion

Ergänze den Satz:

Himmel ist für mich …

_____

Was ist mir beim Thema Himmel wichtig geworden?

_____

_____

Male deine Vorstellung vom Himmel:

Was weiß ich jetzt mehr als vor der Reihe?

_____

_____

Welche Fragen wurden beantwortet?

_____

_____

Welche Fragen habe ich noch?

_____

_____

D5 Lied: Da berühren sich Himmel und Erde

1. Wo Menschen sich vergessen, die Wege verlassen und neu beginnen, ganz neu,
2. Wo Menschen sich verschenken, die Liebe bedenken und neu beginnen, ganz neu,
3. Wo Menschen sich verbünden, den Hass überwinden und neu beginnen, ganz neu,

Refrain: da berühren sich Himmel und Erde, dass Frieden werde unter uns, da berühren sich Himmel und Erde, dass Frieden werde unter uns.

Thomas Laubach (Text), Christoph Lehmann (Musik)
© tvd-Verlag Düsseldorf

Arbeitsaufträge

D1 Die drei Schlüssel zum Himmel

△ Die Schlüsselblume wird auch Himmelsschlüssel genannt. Male die Schlüsselblume aus. Male sie so aus, dass sie etwas Besonderes und Wertvolles wird. Überlege, wem du dieses Bild schenken möchtest.

△ Informiert euch über die Schlüsselblume. Wo wächst sie? Wie groß wird sie? Welche Farbe hat sie? Wann blüht sie?

△ Die Schlüsselblume wird auch Himmelsschlüssel genannt. Finde eine Erklärung für diesen Namen.

D2 Die Schlüssel zum Himmel

△ Male die angefangenen Bilder zu Ende.
Vergleicht in einem Museumsgang eure Bilder: Was ist ähnlich? Was ist unterschiedlich?

△ Vervollständige die Sätze:
Der König erhält die Himmelsschlüssel,
weil ...
weil ...
weil ...

D3 Mein Tor zum Himmel

△ Wie sieht der Himmel aus?
Du kannst deine Ideen hinter das geöffnete Tor malen oder deine Ideen in Stichworten hinter dem Tor festhalten.

○ Schreibe ein Elfergedicht mit dem Ausgangswort „Himmel".

□ Was könntest du tun, damit für dich eine Schlüsselblume, ein Himmelsschlüssel, blüht? Schreibe deine Gedanken auf und vergleiche sie mit den Ideen deiner Lerngruppe.

D4 Reflexion

△ Denk noch einmal an alles, was du in der Reihe gelernt hast. Beantworte dann die Fragen.

D5 Lied: Da berühren sich Himmel und Erde

- ◊ Wo berühren sich Himmel und Erde? Male den Ort, den du dir vorstellst.
- △ Was ist wichtig an diesem Ort? Gibt es dort Regeln?
- ◊ Überlege dir eine Musik oder Melodie für den Ort.
- ○ Welche Farben siehst du an diesem Ort?
- ◊ Erstelle eine Collage von deinem Ort, an dem sich Himmel und Erde berühren.
- ◊ Erfinde eine eigene Strophe. Achte dabei darauf, wie jede Strophe aufgebaut ist.
- ◊ Fotografiert passende Bilder zu jeder Strophe.

Ergänzende Buch- und Materialempfehlungen

Beate Peters/Susanne von Braunmühl: Weißt du, wo der Himmel ist? Gleichnisse. Grundschule religion: Nr 46/2014

Religionspädagogisches Institut der EKKW und EKHN: Himmelfahrt. https://www.rpi-ekkw-ekhn.de/home/bereiche/rpi-arbeitsbereiche/grundschule/himmelfahrt (Zugriff am 14.09.2021)

Ergänzende Bilderbuchempfehlungen

Katja Reider/Angela von Roehl: Wahre Wolkenwunder, 1997

Britta Teckentrup: Zusammen unter einem Himmel, 2017

Christine Faust: Der Wolkenmacher – Ein Freund fällt vom Himmel, 2020

Charlotte Guillain/Yuval Zommer: Der weite Himmel über mir: Eine Reise zu den Sternen, 2019

Mem Fox/Freya Blackwood: Wenn ein Stern vom Himmel fällt, 2021

Mila Teräs/Karoliina Pertamo: Der Fuchs, der den Himmel malte, 2019

Elizabeth Liddle/Imke Sönnichsen: Mama, wie groß ist der Himmel?, 2018

Alexandra Helmig/Anemone Kloos: Im Land der Wolken, 2016

Krystia Basil/: Der Himmel ist grenzenlos, 2019

Marion Klara Mazzaglia/Gloria Jasionowski: Wolkenzoo & Donnerwetter: Wie der Regen in den Himmel kommt, 2019

Ergänzende Lieder

Led Zeppelin: Stairway to heaven

Belinda Carlisle: Heaven is a place on earth

Bryan Adams: Heaven

Robbie Williams: Angels

The Kelly Family: An Angel

No Angels/Eurythmics: There must be an angel

Wilhelm Hey: Weißt du wie viel Sternlein stehen?

Wilhelm Willms/Peter Janssens: Der Himmel geht über allen auf